私は、今年、令和五年で八十四歳を迎えました。

　まだまだと思っていましたが、ついつい年が過ぎ、気付いて見れば、いつなんどき仏様の仰せに従うこの頃となって来ました。

　振り返って見ると、広瀬館村に生まれ、祖母や両親、そして私ども夫婦や子供などと過ごした時代は、昔話になりつつあります。

　私は子供時代に、親や近隣の爺さん婆さん達から、たくさん地域にまつわる話を聞きました。これらの中には少し滑稽な話しもありますが、これらの出来事は、急激に時代の進んだ今日の礎であります。それならばぜひとも後世に伝えたく思いました。

　下手な文章で困ったなと思いながらも、更に下手な挿絵を添え、当時の話のエピソードを加えて、何時か何方かが見てくれたらと思い書き綴った次第です。ご笑覧頂ければ幸いです。

湯浅直之

目　次

京様参り　舘村の「おか」等の京様参りの話じゃ　…　6

京様参り　木村の三銭　………………………　10

刀利の権六の初めてのラジオ　………………　12

薬師の一本杉　カッパと天狗の話　…………　14

福光のちゃ弁　………………………………　16

嫁取りで威張るあんま　……………………　17

小坂村の野様家と井波の田村番匠屋の話　………　18

鷹狩りと干し柿　……………………………　20

土生新の大風　………………………………　21

昭和十年代の我家のお正月で　……………　22

美味しい味噌　………………………………　23

太平洋戦争の記憶　…………………………　24

町の子供と小矢部川　………………………　25

戦時中、幼児や学童らの話　………………　26

疎開児童のお腹　……………………………　28

戦前戦後の生活から　………………………　30

京都の伯母さんを訪ねて　…………………　32

祖谷村の餅　…………………………………　33

昭和二十年高岡農協病院へ入院　…………　34

我家の上空を通過のB二十九爆撃機　………　35

模型飛行機 ………………………… 36

天皇陛下の玉音放送 ………………………… 37

戦時下、村の生活から ………………………… 38

戦後雑穀商の商魂 ………………………… 39

昭和二十一年小学校一年生の記憶 ………………… 40

戦後 お金の封鎖 ………………………… 43

昭和二十二年進駐軍が来た ………………………… 44

仏体とドジョウ ………………………… 46

仏体　　　【棟方志功】 ………………………… 47

稲妻囃子【棟方志功】 ………………………… 49

広瀬館農協の和紙 ………………………… 50

昭和二十四年、海水浴から ………………………… 53

初めて見た海 ………………………… 54

蛇の知恵 ………………………… 55

雨上がりのドンコ ………………………… 56

小坂用水の開部 ………………………… 57

野家の山秋 ………………………… 58

寺の住職とお化け話 ………………………… 59

広瀬館村の火葬場 ………………………… 60

妙敬寺の行事 ………………………… 61

餅蒔き ………………………… 62

館村在所の子供の遊びから ………………………… 63

京様参り
舘村の「おか」等の京様参りの話じゃ

明治時代の鉄道じゃが城端線が高岡まで出来ての。間もなく北陸線が京都から高岡へ開通じゃわい。福光から高岡へ北陸線で京都まで座って行けるとおっ。と言う訳で、ここん在所のオカカながらっちゃ、話に花が咲いてのぉ。

とうとう「あんたらちゃじょうじゃい、ちょこるる命のある間に京様へ参ってくりゃどうじゃい」。

ということで話がまとまってのぉ。

その中に権助のオカカと、フライの孫助のオバも おいでたちゃ。さあ皆、勇んで出発じゃ。

さて、孫助のオバの家の若衆は心配してオバに汽車に乗る時の事をしっかりと教えたというね。

砺波の鉄道の歴史

明治31年（1891）、滋賀県の米原から高岡まで北陸本線が開通しました。

一方、城端線は、砺波の大家四郎兵衛等が中心で、明治27年鉄道建設免許の許可を受けて建設工事を始め、明治30年（1897）に福野−黒田（現・高岡市下黒田）間で中越鉄道が開通したのが始まりで、翌31年（1898）には高岡−城端間が開通し進められていた北陸線と接続しました。

「オゝが、オゝあんな、高岡で北陸線の汽車には、一等車で乗られんがやぞ。青い帯線が入っとるがは、一等車で乗られんがやぞ。汽車賃が高いがやぞ。

乗るがは、赤い帯線の入った三等車の汽車に乗るがやぞ」と、ねんごろに教えたとぉ。

さー、その頃の汽車は椅子は堅くて、おけつは痛いし、今どきの電車と違うて、蒸気機関車でスピードはゆったりしたもんじゃ。

だが当時はおっそろしく早い訳じゃ。でも「ガッタン、ゴットン」とゆれたちゃ。京様まで長い時間じゃ、皆はなんじゃら知らねど、胸が悪うなって青い顔になったとぉ。初めての汽車の旅で、汽車に酔うちゅうことを知らなんだがやちゃ。

あらい　富山の方言で、本家から別れた分家のこと。

さあ、汽車の中で連れの衆は青い顔して「ゲ、ゲ、ゲッ」と手ぬぐい当ててやっておいでたとお。

ところが、孫助のオバは「ケロッ」として、酔わなかったとお。

京都の駅に降りたら、孫助のオバは腹がすいたことに気が付いたそうじゃ。連れの衆はおにぎりどころで無いもや。

どこから
きーたかー

酔わなかった孫助のオバは、てっかい焼飯を取り出して、駅の外の京都の街並みの賑わいに見とれて、我を忘れて焼き飯にかぶりついておいでたとお。

そしたら、他所からの、ご婦人が元気の良い焼き飯のオバに近づいて「あんた方は何処から来られましたか」と聞かしゃったそうじゃ。

さーオバは、余りの賑やかな京都の賑わいに、遠い遠い国へ来た思いにかられた訳じゃ。館村いや、いや越中、待て、待てと考えた挙句、「わたしゃ、日本でごさるます」と大声で答えたそうじゃ。そりゃー、オバにしたら最高の返事で、涼しい顔やったとお。

いよいよ、本願寺へ行こまいかど、腰を上げたが、道に明るい訳じゃないがね。

そこは人力車の車夫、駆け寄って来て東本願寺ですね。「さあー送りましょう。どうぞ、どうぞ」と言う訳で皆が乗ることになったとぉ。

さー孫助のオババが人力車に乗る番じゃ。

オババの人力車の足掛け台は、赤い敷物でねぇ。ことばかり「いそいそ」と、赤い上がり口で「ペタン」とお座りになった。

見れば奥は青い色の席であった。

「ははーん、こりゃ青色で銭の高いところだな、家で聞かされておいでだからネェ」。

車夫はあわてた。ここに座られてはかじ棒が重くならん。「おばあさん、その青い椅子に座って下さい」。と幾度も進めたそうじゃが、オババは「わしゃここで、よーございます」

と、いちがいにも、なかなか動かなかったそうじゃ。

おしまい

いちがい　富山の方言で、頑固なこと。

京様参り　木村の三銭

刀利村のお話じゃ。今ではこの村を知っている人は少ない。ダムの湖底に沈んだ山間地の村じゃ。

明治時代は、大いに栄えて居った時の話じゃ。

木村という家のコテ（親父）の話じゃ。

よく働き、村でも良い炭を沢山焼き、小金をもって居った訳じゃ。

そんな折から汽車で京の都へ行けるようになったということから京様の本願寺へ語りに行こうと思ったら、たまらず出かけることにしたとお。

京都に着いて見たら話に聞いた通りじゃ。何とも、はや、賑やかなことじゃ。

刀利の在所のモンで京様へ参ったモンは、まだおらんくらいの時じゃ。

見れば駅前には人力車が並んで居るわい。

山では人力車を見たことが無い人が多い訳じゃ。

「ヨシ」や、自慢話に旦那様の気分を味わい、村で自慢してやろうと思い早速人力車の処へ行こうと思ったが「待てよ」とお金が気になったちゃ。

木村は山でつましい生活だから、お金もつましい訳じゃ。そこで本願寺迄の代金を聞いて見た。

木村にはエライ大金じゃ。

「ありゃア、困った」と思うが乗りたい一心で言うたわい。

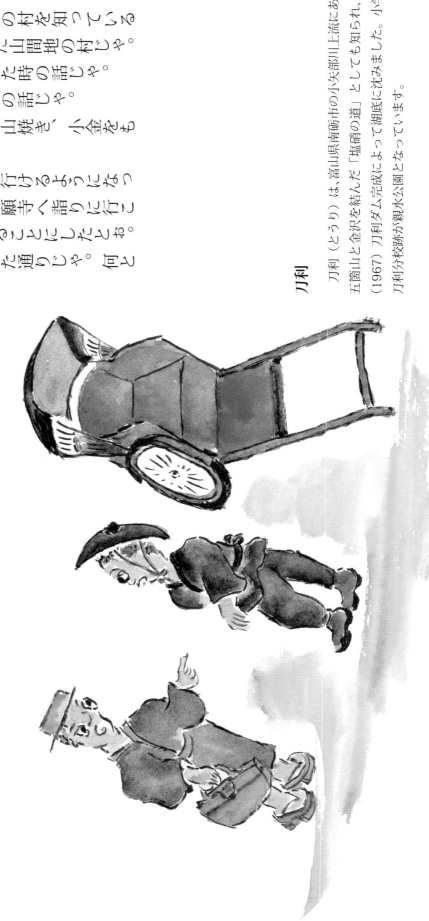

刀利

刀利（とうり）は、富山県南砺市の小矢部川上流にあった村です。五箇山と金沢を結んだ「塩硝の道」としても知られ、昭和４７年（1967）刀利ダム完成によって湖底に沈みました。小学校中学校の刀利分校跡が親水公園となっています。

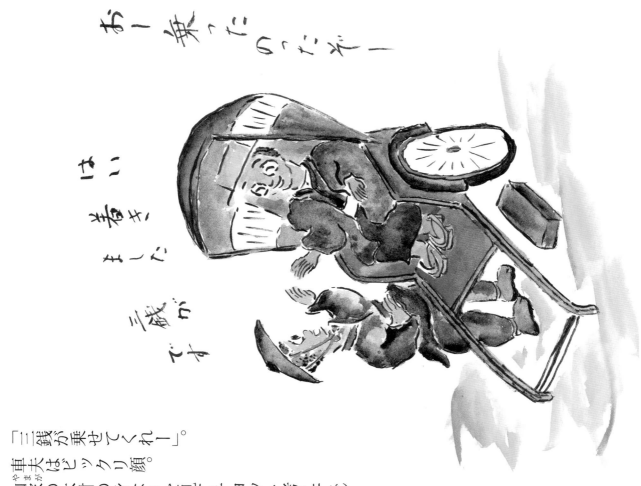

おー車やーいたぞー

は　春　また　三銭が　です

「三銭が乗せてくれー」。
車夫はジックリ顔。
山家の木村の身なりを見てチョット考えて
「はいどうぞ」と乗せてくれました。
　木村は人力車の上から京の町をふんぞり返って眺めました。そして走れば、もう最高の気分だったが、人力車は、京都駅前の広場をぐるりと、ひと回りしてはい着きました。どうぞお降りください、という。
　木村は夢から覚めた気持ちで人力車から降りたちや。
　さーと、村へ帰った木村は大威張りじゃ。「おらちや京都で人力車に乗ったぞ」。
「高かったろうが」「おー駅前をぐるりとまわって三銭が乗ったぞー」。村の人等ちや呆れたとい、それからというもの、村人は「木村の三銭」と呼ぶようになったとさ。

おしまい

刀利の権六の初めてのラジオ

刀利ではその当時、親父のことを「ゴテ」と呼び合ったそうじゃ。

その刀利の権六というゴテの話じゃ。なかなか東京へ行くことが出来ない時分じゃ。その権六が東京へ行くことになったとお。

さで、東京へ着いてみりゃ、何もかも珍しいことばっかじゃ。中でもラジオが出始めた頃じゃ。小ちゃな箱から人の声が聞こえるわい。語る人が見えん不思議な箱なんで、権六はしゃべる箱に聞き入ったとい。そして話が終わる時は、何じゃら知らねど、聞いたこと無いNHKやちゃ。

NHKラジオ放送開始

大正14年(1925)社団法人東京放送局がラジオ放送を開始しました。これが国内初の商業ラジオ放送でした。富山県は、昭和10年(1935)に富山でラジオ放送が始まりました。

何のことやらサッパリ分からんが頭から離れないラ弁になったらしい。さあ、村へ帰った権六は東京から帰ったちまうなって見えたそうじゃ。だが権六も生活のためには小自分は新しいものを山ほど見て来たさかい、在所の人等が小

何時ものように山仕事に出かけにゃならんわい。仕事仲間で
隣の万蔵ゴテと出かけた訳じゃ。

　東京がぶれした権六は「ハイカラ」を言うて、胸を張って
やろうと「うう、うう」しとったちゃ。

　さー仕事帰りの「さいなら」と思うて、万蔵と別れしな
に、一番訳の分からんだNHKを大得意顔で「ゴテ、NHK」
と軽やかに、やらかした訳じゃ。

　万蔵は「チンプンカンプン」で「キョトン」としとったとぉ。
権六は万蔵のキョトンとした顔面を見て大満足やちゃ。でも
権六は唯、東京がぶれを自慢したかっただけで何んのことや
ら分からんNHKを言うて自慢したちゃ。

　誰も「NHK」なんて
聞いた事が無いから暫く
は良かったがねぇ。

　やがて刀利村くもう
の人等が聞くNHKと権
六が言うたNHKの意味
はちょよとしオカシイな
ことなってじゃ。

　それからは刀利村で
お茶飲み話だったり、別
れに軽く「おい、NHK」
と呼び合って愛想笑いし
たとぉ。

　　　　おしまい

薬師の一本杉　カッパと天狗の話

　この館村に大昔地頭の藤原氏館があった。その子供は地頭としてこの辺りを治めた。薬師の一本杉とは、かつてここに湯が出て薬師様が祭られ杉が植えられたことにちなむ。

　昭和五十年代後半に一本杉へ雷が落ちた。野中にポツンと五・六百年の大木があって雷さんが三回以上のお見舞いがあった。とうと枯れてしも一た。この大木は館村へ来る目安だった。この辺り家もなくそのりや大変寂しい処なのに、更に傍を明神川が流れて居った。川辺には雑木がおい茂り尚、一そう寂しかった。空気が澄み切った日は、川の水音がドンドコ響いて「一本杉で天狗様が太鼓を叩いておるじゃ」と子供に聞かせたモンじゃ。

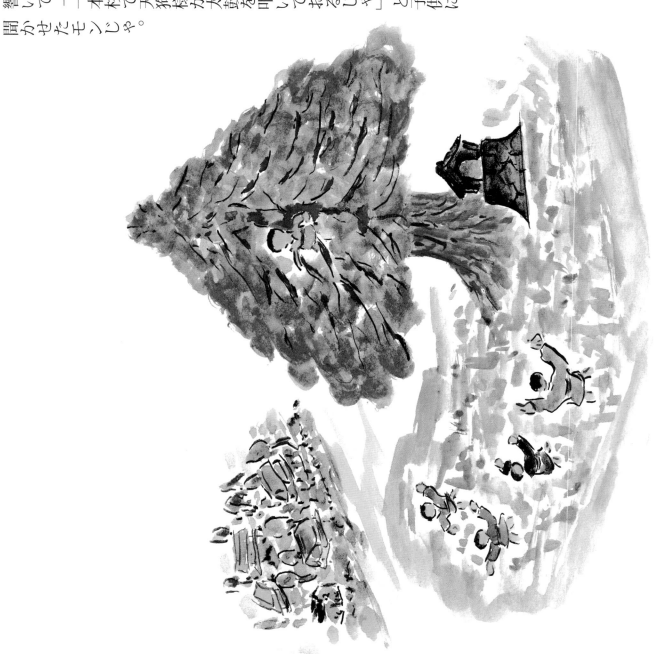

或る日、市之助の子供が大杉に登った。特に「子供が一本杉へ登ると天狗様が怒って山へ連れて行かれるぞ」「暗くならん先に遊んでおらんと早う夜飯（帰宅）せにゃあかんぞ」と親達は言うたもんじゃ。

そんなに（それなのに）やんちゃ坊主は一本杉へ登ってあたりを眺めておった。連れの子供たちはわいわいとハヤシ立てていたから、親の耳にその事が知れてしもーた。

親父は怒って、家へ帰るのを待ち構えてやんちゃ坊主を懲らしめに土蔵へ入れて鍵を懸けた。蔵へ入れられた坊主は、うす暗い蔵の中を見回すと親父の大工道具が目にはいった。よく親父が使うチョンナだ。使い方は見て知っていた。これだと勇気が出た。入口向かいの壁に向かって振り回した。とうど、光が差して飛び出して又、遊ぶ仲間と元気に騒いでおった。

お昼に親達が田んぼから帰ったら、蔵の中の子が元気に騒いでおる。

「おい、アンニャ（お前）どうして出た。」

「オラ南手から出たわい。」

親はそそくさと南側へ回って驚いた。なんと南側の蔵の壁が崩れて、ドダイ（とても）でかい（大きい）穴があいて居るじゃないか。

さすがの親父様も言葉が出なかったそうじゃ。

この穴には長い間茅をコン盛と当ててあったちゃ。

おしまい

チョンナ

チョウナ。直角に曲がった柄の先に平たい刃がついている木を削る工具。

福光のちゃ弁

越中高岡の町く東京からお嫁においで出た大きな商いの家でご法事があった時の話じゃ。旦那寺は福光で住職様のお出ましじゃ。

この屋の新しいお嫁さんの接待じゃがね。

いそいそと、客間に向かいましたわい。お嫁さんは大事な門徒等の住職様に気づかい宜しく尋ねられた。

「御住院様のお茶は、どの様なお茶をお好みでしょうか。」とお尋ねしゃったがね。

そしたらニコニコして「いやいや、おらっちゃ飲む茶、どんな茶でもよいちゃ。」「なーあん、気遣わんでもよいちゃ。」

お嫁さんは訳が分からないので困って、今一度聞かしゃったがい。

そしたら「おーお、おらっちゃの飲む茶、番茶でよいちゃ。良い茶でのうても良いちゃ。」

チョと首かしげて「おぞい茶でよいちゃ。」

さあーお嫁さん、なお判らんようになったそうな。

「番茶で良い茶」
「良い茶で良いちゃ」
「おぞい茶で良いちゃ」

ますます判らん始末で、とうとう、おぞい茶と良い茶の両方を出しゃったそうじゃ。

　　　　おしまい

おらっちゃ　富山の方言で、私たちのこと。

おぞい　下等なという意味

嫁取りで威張る　あんま

明治の初め、小学校は四年生で卒業じゃった。

かし、皆残らず学校へ行った訳じゃなかったといねー。

でも、一人前の大人になりゃ、お嫁さんを貰うちゃ。学校へ行かなかったアンマの嫁取りの話じゃ。

昔から嫁取るは夜さするもんじゃ。九時は苦に該当するから十時過ぎでなー。

いよいよお嫁さんが来る時刻じゃ。大抵婿はんは奥に居るちゃ。

嫁はんは「にわ」(土間)から入り広間へ向かうちゃ。

ここのアンマは、入り口の「アマ」へ上がる、どっしりとした梯子の下段の手に腰掛けてじゃ、新聞を広げてのお

「おらっちゃ、こんなもんじゃ」と新聞を読んどる様に見せたと。

さて、仲人は一番先に娘が嫁に行くように国んで衣桁を持ってなあ。

「この家の嫁を持ってきました」言うて、仲人はヨメと妙なかな気配じゃ。何と婿殿が梯子に腰掛けて新聞を広げておる。見れば逆さじゃ。

「アンマ、アンマその新聞逆さじゃがい。」

アンマは、負けんと「あんたに見せておるがじゃ」と言うたそうな。

おしまい

あんま　長男のこと。次男以下のことを、おじゃと称した。

アマ　建物の屋根裏で、かつては蚕などを飼った。

衣桁　着物を掛けておくための家具。細い木を鳥居形に組んだもの。

小坂村の野様家と 井波の田村番匠屋の話

この話しや、彫刻家の得地釜山さんが語った思いでの話しや。若い時、彫刻師になろうと、井波町彫師の田村番匠屋く入門しておいた時の出来事じゃ。

さて或る日、田村家くバンドリを着た親父さんが「イツサラ、モツサラ」とやっておいでたとお。

「毎度オキネ、ハヤ」

釜山さんは「ありゃ、おかしな親父が来たわい」と見ておったとお。

その親父が主人との話はねえ、「オラ、ちょこざ座敷である欄間をこしらえて貫いたいもんじゃがどの位のもんで あるましょうか」と田村屋の主人に聞かれたそうじゃ。

主人は「まあ、このバンドリの親父なら」と適当な値段で、返事をしたそうじゃ。

バンドリ

稲穂の硬い繊維で作り、蓑に似ているが、背中のみ覆い前を開けている。作業用の雨具の一種。

欄間

和室の装飾等の目的のために天井と鴨居との間に設けられる、建具の一種。

「そうであるまいけ、そんなら、ちょっこる見に来てもらえますまいかね」と言わしゃったちゃ。

田村屋の主人はお客様の頼みだからいやと云えず、そんならとバンドリ親父さんと出かけたわい。井波から十km近く歩いて小坂村の野家に着いたとおいうこと。

そして大きな屋敷は八百坪余の構えだったそうな。この家は、田中村の十村役で得能様の役宅が私宅といわれた家じゃもん。サイ、その座敷と来たら十畳の部屋が三室も続いてなあ。四方が欄間という訳じゃ。その次が仏間だった。次は二十四畳位の大広間がこうもある。

田村屋の主人は「ありゃ、しまった」「こんな事なら、よい加減な値段を言うでなかった」と大いに悔やんだそうじゃ。

主人は思い出しては口癖の様に口説き話をしておったとおり。釜山さんも親父さんのバンドリ姿にしてやられたわなあ。

おしまい

田中村十村役得能家とは

十村とは、江戸時代に加賀藩の農政制度で、地方の有力な農民を村落を管理する任に当たらせ、年貢徴収等にあたる制度。10代目の十村砺波郡広瀬舘村は田中の得能家が担当した。文政九年（1826）に砺波郡惣年寄り役覚兵衛第は才覚があり、安政三年（1856）には「諸部御鄿」で、「加越能惣年寄役」いう加越能三州の十村筆頭（一番番頭）に任ぜられた。いう加越能三州の十村筆頭の栄誉を受けたという。十村に会う時は、村の肝煎人等は、着物を裃（かみしも）に着替えて十村家へ向ったという。得能家は廃藩置県で十村役を終え、その後東京に転居した。田中の空き家は野家が買い取り小坂に移築した。

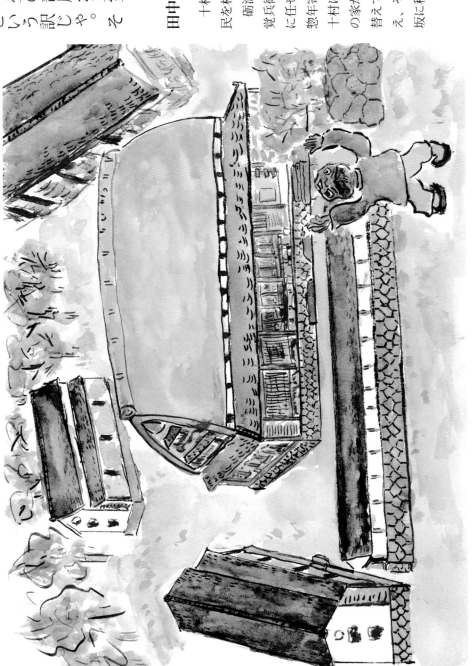

鷹狩りと干し柿

その昔、下野に栗山又八という豪農がいた。土生新(はぶしん)。

ある時、前田の殿様がこの地方の立野ヶ原へ鷹狩に来られた時この栗山家に休まれ、きれいな庭園を眺められる部屋で休息されたそうな。

そのとき、又八の奥さんが恐る恐るお茶とお菓子として自宅で作った干し柿を差し上げたところが、家来が干し柿の白い粉を見て「こんなカビの生えたものを出してなアー」と えらい剣幕じゃ。

奥さんは、氣を沈めて「恐れながら私が毒見をしましょう」と 美味しそうに食べましたちゃ。

これを見ていた殿様は、「余も食べてみよう」と口にしました。ら大変美味しくて、おかわりを所望されました。

このご縁で殿様へ毎年干し柿を献上するようになり、干し柿は金沢の三社町市場で扱われるようになり、年貢米の助けにもなりました。

今じゃ南砺市の名産品やちゃ。

おしまい

南砺の干柿

その昔、美濃から干柿の製法が伝えられ、加賀三代藩主前田利常公が干柿づくりを奨励したことで盛んになりました。干柿に用いられる三社柿は福光光地域・城端地域でのみ栽培されている大粒の干柿用品種です。

土生新の大風

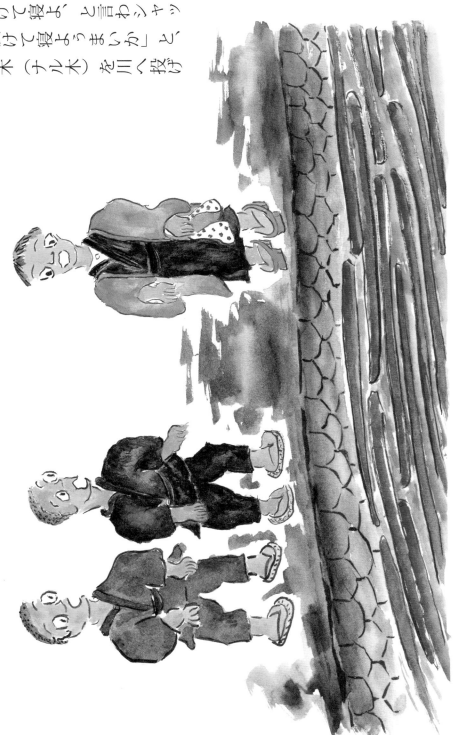

むかし、土生新に、一の沢と言う大家があったそうじゃ。その家には下男が雇われていました。

ある年の八月も下旬の頃じゃ。「大家の親父様が遠くの山が近くに見えるじゃ、今晩は大風が吹く様じゃ、お前さん等、気をつけて眠んなんぞ」と、男さ（下男）等に云われたちゃ。

「おい、おい親父様が木漬けて寝よ、と言わシツた」「そんなら一つ木、漬けて寝ようまいか」と、昔戸の川へ稲を干す稲架の柱木（ナル木）を川へ投げ入れ、川水に漬け込んでしまいました。

翌朝、親父様は大風の案配を見て、まわりましたとこ昔戸の川を見てビックリじゃ。

川に稲架のナル木がたくさん浸かっておるではないか。

「おい、おいお前等、何してくれた」

「はい、はい親父様、昨夜、木を漬けて寝よと、おっしゃいましたので、木を漬けて寝ました。」

　　おしまい

昭和十年代の我家のお正月2

三才ぐらいの時じゃ。

子供の時は何でか早う起きたのじゃ。母さんは、か

か座で、鉄の鍋で煮物をしていたちゃ。

オラは柴屋（薪置き場）の東側の横座がお決まりで

大きな囲炉裏であったから炉淵下に踏み台があって足

を下ろし火にあたる事が出来たわい。

元日の朝何時もの通り踏み台に足を下ろした、その

途端持っていた長い火箸でオラの足の向こう脛をバシ

ッと叩いたちゃ。普段只の一度も叩いたことの無い母

親だ、バシッと来たからオラ何じゃ、知らねどビックリ

したちゃ。

そうして母は言う

た。「元日の朝から囲

炉裏の中へ足を入れる

もんで無いちゃ」

「苗代（苗の田）田く（たべく）カラスが入

るが」と言うたちゃ。

後に聞いた話に苗代

が上手く出来ない家が

首を吊って死んだ百姓

があったと言うたちゃ。

一正月の行事は百姓が

年の大切な始まりじ

と。

おしまい

横座

奥座

かか座の柴屋

横座

美味しい味噌

館の村に、今年シャ家の味噌はどだい美味い味噌で弱ったちゃ。どくどかしゃった家があったとお。

当時味噌は大事で、一年分を大きな桶に作り置いたちゃ。昔は普段醤油なんて使えんで、味噌桶にサドンゴゆでサルを入れて味噌の汁を取って醤油代わりにしていたからね。

家族で少なめに食べよう思うても、味噌があまりにも美味くて煮物一切が遂に進んでしもうたそうじゃ。やがて味噌桶が大分減って来たそうじゃ。

その家のオカカが、あら弱ったなこと、味噌桶を覗きことだら何やら大い紐が見えたそうじゃ。

昔は味噌桶や茎桶（漬け菜）・沢庵桶などはうす暗い処に置いていたもんや。そのオカカは灯りを持ってそーっと味噌桶を覗いて見たちゃ。

太い帯をよくよく見ると、どうも蛇に見える。慌ててオトトを呼んで見うたら大きな蛇であったそうじゃ。

ビックラこいたがもう遅い。人に言うたらその美味い出汁では気持ち悪い気持ちじゃ。この百姓家では言えん気持ちじゃったとお。昔はどこの家も隙間だらけで蛇はなんぼでも入って来たもんじゃ。

おしまい

おとと　お父さんのこと。

おかか　お母さんのこと。

太平洋戦争の記憶

昭和十七年春、叔父が志那事変に続いて陸軍輜重兵で出役わ此の送りに母の背に背おわれて福光駅で見送りの記憶がある。

汽車は動かず、駅が動いた。汽車が見えなくなったら、駅が止まったちゃ。兄叔父が十八年、大きな柿の木に日の丸の小旗を十文字にかき合せ、その下を送り出してネ。彼は富山の三十五連隊だ。面会に親父と行ったちゃ。衛門の前辺りで兵隊が手綱を持って馬上は素敵な帽子に上衣はキラキラ光る勲章が煌めき、サーベルを下げた大将が現れたがいね。四歳の私はすごいと思ったわい。親父はいきなり、私を小脇に抱く田んぼの畔に飛び移ったちゃ。

親父言うには、近任香城寺村の寺西隆吉少佐じゃ。普段なら何気なく語る人だが、富山三十五連隊の大隊長だったから恐れて声も出なんだとお。

それから、衛門で叔父の面会を申し入れて逢えてネ、お重箱のボタモチを渡して居たことを覚えておるちゃ。

後のこと、親父が寺西さん方へ仕事で招かれて三十五連隊の衛門の話をしたら「声を懸けてくれたらよいのに」と言われたちゃ。

自分も同席で話を聞いて思い出したちゃ。

おしまい

町の子供と小矢部川

戦時中戦後、福光の町の子供達はただ、腹一杯食べたいのであった。小矢部川の向かいは吉江のお百姓さん地帯じゃ、川縁には沢山西瓜が、作られてあったそうじゃ。町の子等はカラス同様にその西瓜が欲しいのであった。夏の日差しで集まる場所は川辺りだ。

その子供等の中には大抵ガキ大将が居る。当時三、四年生だった方が言うには、ガキ大将は子分を従えている。いわずとも、皆その仲間である。そしてガキ大将の一声は小矢部川向かい吉江村百姓の西瓜を取ってこいが命令である。

ガキ大将だけが西瓜でなく皆が欲しいのも本当だ。

さあ向かい側の人影を忍んで川を行くが大河である。

着物姿の子供達は水にさらされて、時にはぶ濡れである。上手く取った話は聞かぬが、ぶ濡れにあった話だ。

それに親に見つかると着物を濡らしたことがこっぴどく親にやられるから大変だ。ガキ大将にも逆らえず、親にも逆らえず。

始末してやらんだったとおっちゃんに、子をねばならん。おっちゃんと一つ家に帰り、見つからぬよう知らん顔してと干さねばならん。

おしまい

戦時中、幼児や学童らの話

戦争中農家の働き盛りの男子は兵隊の出役だし、女性と年配の男子で農作業でねえ。農繁期に幼児を預かる季節託児所が開かれたちや。場所は小学校の講堂でねえ。先生は各村の非農家や、その様な家庭のお母さん等でネ。私が幼児の頃に、講堂の殺風景な時間を過ごした記憶がある。

記憶に残るのはお昼のおにぎりだった。ノリの匂いとトロロ昆布の匂いは今も思い出の中に匂うのである。当時こんなおにぎりは食べたことが無かったちや。

明治二十二年合併の我が地区は小さかった。地区の村落は他の校下へ通う子供等と、隣になる条件を抱えていた。村境は山から下る合川が流れて土手は雑木やヤブが生い茂り、向かない岸には簡単に渡れない。大人達の水騒動か子供達も団結が出来ていた。

その意志は、戦争が家へ帰ったり立たようで、常の友が駆り集まるのが戦争ゴッコである。それもエスカレートすると、校区の違う隣村境の川渕で罵り合う。「お前等、カッパン食べて、黒糞こいた」子供の言うことは此の様だった。

大きい子等になると、川を越せる辺りで競り合うが決して無茶なことは

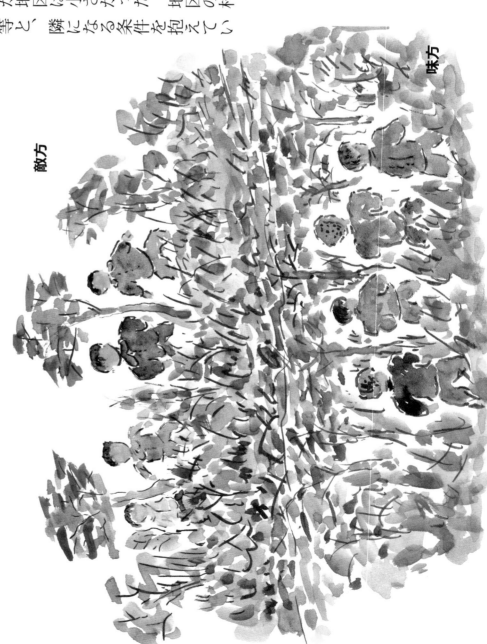

敵方

味方

カッパン
桑の実のこと。

せんちゃ。互いに近づけば皆が警戒し逃げ場を持っておったそうじゃ。

捕まると、大変じゃ「捕虜を捕らえた」として自村へ連れて行き縄を掛けたそうじゃ。たいがいは時間になると帰すが、ある時お昼に捕虜の飯といって、焼き芋一本渡したそうだ。

又、こんな出来事があったとお。学校終えての事、隣村の子等と戦争ゴッコで隣村の子を捕えて、縄で木に繋いだそうだ。夕方になると遊びの責任者はいない。捕虜を忘れ皆家に帰ってしまった。捕虜の家の婆さん、孫の帰りが遅いと見に来て孫を縄かけてじゃ、誰もいない。さあ、近くの子の家で怒ったちゃ。当の子供は婆さんに怒られ、家の親に叱られ大変だったそおだ。

又、母が他校下へ嫁いだその子が言うは、母里へ行く道は山縁が近いが民家を通る。その家の子が出てきて、お前何処のモンじゃ、何処へ行くがじゃとキツイ詰問攻めの難所がとてもいやだったちゃと語っていたそうじゃ。

又、同じ地区の子で町医者へ通う道筋で小坂町天神に子の集う所を通ると、一人だと関所問答が、必ず町へ行く大人の後をついて行くことにしていたそうじゃ。

昭和三十二年福光町への大合併以後、地区根性は消えた。

おしまい

疎開児童のお腹

真珠湾奇襲作戦で日本は米、英と大平洋戦争突入じゃ。十八年頃から日本は苦境に入り昭和十六年末、真珠湾奇襲作戦で日本は米、英と大平洋戦争突入じゃ。十八年頃から日本は苦境に入り、十九年春四月十五日頃より東京の江国民学校児童五十名が学童疎開で村の妙敬寺へ入寺したちゃ。小おえ

空襲を受ける状況から子供たちは親と別れての疎開じゃ。とにかく食糧事情が悪いから百姓自身が腹を満たせんくらいじゃ。

子供等の食事支度に村から何人か賄い人を出していたが、食材の配給は農家組合が中心じゃ。学童達のお腹を満たすには程遠い始末じゃ。

当時、百姓は全てが手作業で田の草取りに田の草刈りは大仕事でネ、縁の小道や江川のその草に蛇が潜んでいて鎌で切ってビックリじゃ。小おえ

ところが疎開の子供たちは蛇を見つけて料理じゃ。寺の近所の農家は家の傍の小川にまな板と包丁を置いてあるそこで子供等は蛇の料理をしておったちゃ。

野良から帰って家の者がビックリ仰天だぁー。「アンタン」思わず「コラッちゃ何してくれるんじゃ」と。嫌らしい蛇をまな板と包丁で大事なまな板と包丁でナじゃい。大騒ぎやちゃ。

江川

小川のこと。年に数回おこなわれている用水清掃を、江ざらいと呼ぶ。

村では食べ物が無いといっても蛇・蛙は食べないから村中にこの蛇の話が広がったちゃ。

疎開児童達は翌二十一年八月末、帰る時、村から児童達にお土産を持たせて上げたいとなったちゃ。

ついては我が家の極早生の川原柿、小粒だがとてもおいしい柿がある。児童に持たせて欲しいとなったから、親父は「村の要望だからその柿は取られんぞ」と言うたちゃ。

帰る日、男の児童たちが鈴なりに柿の木に登り、もぎ取っていった。自分は柿が無くなることが悔しい思いで見とったちゃ。

その児童内に、後に日航のパイロットになり、定年後此の辺り疎開していたのだと思い出の飛行をしたそうだ。そして妙敬寺住まりで職があったとお。

九十歳余の近年訪ねられ、当時は蛇も食べたと語っていかれたそうだ。

辛い思い出もあり、楽しさ豊かさをより確かに味わえるようだね。

おしまい

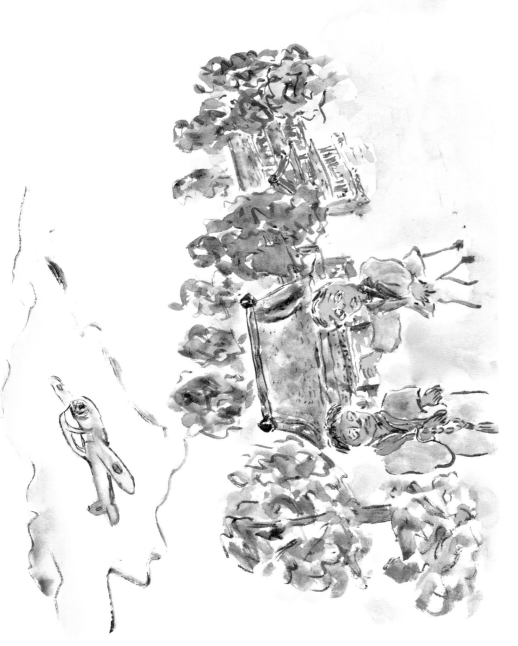

戦前戦後の生活から

　男は、兵隊の年頃なれば容赦無く赤紙が来て戦地へ送られるちゃ。女手で百姓は無理だからねえ。村は一丸となって出兵農家人足の日割りをして守ったちゃ。

　食べるもんは薩摩芋のツル等に大根、その葉の塩漬け、食べられる草まで食べたもんじゃ。

　食事は朝はご飯で、昼は団子汁、野菜にイルゴという米になれぬ青い屑米を粉にしたもので、作り方は、粉を大きな団子のコネ鉢(木をくり抜いた大鉢)に絹網と呼ばれる細かい団子振るいでイルゴの粉を適当に入れて右手に持ち、左手を拳にして振り当てカスを省いて家族の必要分を振るうて、その間に主の自在鍵の鉄鍋に野菜を煮込んでき、脇の所で鉄瓶に湯を沸かして、その湯を団子の粉に少量入れながら団子になる堅さに湯を差して混ぜ両の手でコネ鉢く打ち据え団子になったら、煮えたった鍋く手で握ってち切り、手の指の跡付だったわい。

味噌で味付けし仕上げたちゃ。大人は田圃で忙しくて、兄の自分がこれを小学五、六年頃から学校の休み又は夏休みに作ったもんじゃ。飯は茶碗一杯と団子汁だった。晩は飯だが戦後米が沢山取れる頃になると何時の間にか団子汁は消えたちゃ。

薩摩芋は多く取れる自身の大きな芋で、腹のすいた時きゃ蒸し芋は重宝でねえ。南瓜は大きく水気が多く甘味が無かった薩摩芋の苗作りはね。温かい地方の物だから、三月末温床を隣家と共同で作った。杭と竹に藁で作る。その中く大量の藁を刻み入れて踏み込み、その上に小便を撒く。最後に土を入れて薩摩芋の種芋を埋める。藁が小便で発酵して熱くなると芽を出すちゃ。

稲の種籾は実行組合を作り各農家が品種一品を、種田として苗を一本植えで大事に育て、穂が実ると実行組合で田を回り偉い品種を藁で縛った。種籾は叺（かます）に入れ高い所に吊るした。春三月種籾を持ち寄り分け合った。当時は水苗代で四月十八日頃に種まきして四十日後から田植えだったちゃ。

戦争が終わって食料事情が良くなり、薩摩芋は農林二十二号や赤号なんて芋は、栗の様に美味しい芋で驚いたちゃ。南瓜は小さく、堅く甘い南瓜だった。親はいろんな品物を想像出来るから、子供は欲しいと思わないし気楽だったが、間もなく店頭に珍しい品が並んで親の気持ちがわかったんで親の気持ちがわかった。

おしまい

叺（かます）

わらで編んだ「むしろ」を二つ折りにして、縫いとじた袋。貯蔵・運搬に用いた。

京都の伯母さんを訪ねて

昭和十八年秋、富山市で暮らす姉妹が久方ぶりに里の姉方の家に集まりました。激しくなった戦時下で縁者の様子を語る内、京都の伯母さんを訪ねたいねーとなった。又、京都を久方に見たい思いが募りました。

さー、そこで今時何を土産にするかと話題になりました。とうと厳しく取り締まられている「お米がいいねー」となりましたがね。でもどうやって京都へ持ちゆくかが問題になりました。

「じんだはん」を向こうにして思案の名案が出ました。

それは、お芋や野菜の買い出し部隊の訪問で行くことになりました。

京都の伯母の家へ付き来まして、買い出し部隊の訪問を喜び逢いました。大笑いの訪い。伯母は三人を改めて見て「あんた等何だか太ったわね」と言った。

「そうよ」と腹を叩きながら三姉妹は帯を解き始めました。伯母は何事とビックリ。三姉妹は帯に身体一杯のお米を寄せて三升を土産と言いました。

さー伯母は大層驚き、顔一杯。お米を、涙ぐんで喜びましたがいねー。

おしまい

お米……

暇帯隠に

考えた

おかねー……

そやがー

じんだはん

富山弁で警察官の意味。じんたはんとも称した。

祖谷村の餅

昭和十九年頃、祖谷村において、村の長老と村人と婦人の時代、村人があった。その萱を束めて、この広場に立てたのは、村の人等は内側の誰かが米を縄になろう寺屋敷跡から、一日して吊る（三斗）中で誰も、芋や人大」

あったのとやいを大そうじやい、ほ萱を刈りにして十九年頃昭和。

豆など五合ない村はあっちを以って良くして乾したとこの広場に集めて、村に立てる萱とこの広場に誰かが立てる萱村人があったのところに、祖谷村において村人を見つけてはいた。その萱の束を立ててこの広場に集め。村のそれでは子供達は若い青年を発見して、村の内側の誰かが米不足で出征した人等は戦争で、米を縄になろう寺屋敷跡から一日して吊るし（三斗）中で誰も、芋や人大」

豆など五合ない食べ来の割りは大変じやい。米。やほ萱を以って良くして乾したとこの束などでは餅を作ったとなが食べてもらい腹一ぱいに美味かろうとその話で皆で一集まってそれがだが誰も驚き米がたくさんあるといな彼を連せて、彼のとて「誰の米じやい村な祭りに廻するのは誰も参差。

たのやいあたりのよいしょははい餅を何の出しようか皆で一集なのとしょにもらって、さればこそ相談の中の人が集腹一ぱいに美味かろうと、その味はそういたのやいよりも腹一ぱいにあるよ。だよりに食べてとんじゃたのなかのやいしばい餅を

結論ってことは相談の中の人が集まってこそだが代に祭りに廻するのは誰も参差。

おしまい。

萱（かや）
ススキなど屋根材に使われた植物の総称

33

おしまい

　ん坊と子供の目を眺めたりして淋しかったという。高岡も六ヶ月を受けるが戦時中で嫌だったという所から出たちゃ—退院で退院だろうと高岡も六ヶ月の予定が注射の六月が雨がいやで毎日の牛乳を眺めたりして嫌だったという所から出たちゃ—」

　あの高い空を月日の牛乳を眺めたりして「高い空のあちらから来て何か高い

　処射「ヤ」ア—メリカの偵察機が見えて空飛行機が見えて空行機が高い空行機が見えて空やか米軍機が偵察機の弾が届かんで「高い空

　光器アメリカ軍機が対角線の飛行線で飛行機が見えて空行機その毎朝何か消えちゃった。夜每朝何か打つする大きな大木が残酷だ聞こえて当時のは過差は落ちたを壊して北陸線の町の北陸線路当時の水道が家々を高岡市清水町の北陸線路当時の

　投光器ええだちゃ出来ていで暗闇で夜は落ちたを残して残酷だ五空の自分に投光器が死んだり部屋の人サイレンが死んだりとても大きな大院渡し病院と米わったりとも照らしながら部屋のドアがっとりかその照らしがって鳴るその話へ深わかる声が小さくなった病院側と幾道治たへ薬の不足深干

昭和二十年高岡農協病院へ入院

34

我家の空を通過のB‐二十九爆撃機

皆の大八月のことじゃ、飛行隊が飛行家のことじゃ、東京から起きて西の方から来るとばっかり思っておった。夜中にB‐二十九重爆撃機が通過する爆音で、米軍機何十機の編隊

東京富山が空襲して、東京から大爆音を信ずるようだと、自分のおる富山市の方から大爆音を信ずるようだとおっきり見た。家の前へ起き出て、坊主、焼夷弾だ、坊や起きたこの時始

焼夷弾が真赤にシャーッと「富山市だ」焼夷弾の爆裂さ、起され、富山市のような大きな坊主だと思っておった。この時始

引裂じやーッとなにし騒ぎ。父は新聞が読める明かり

破裂じやーッと三千メートルしていとし立山連級のいたち作戦の内

落下する焼夷弾が立山連峰の上に立山は

いうた回るは外で皆殺するのが糸を見

だへえだいにしやにし。

おまい

い。

七十五年前の爆裂力をまざまざと見たり見たりの記憶は今もこもり。

富山大空襲

昭和20年(1945)8月1日から8月2日にかけてアメリカ軍が富山市に対して行った空襲である。この空襲で、富山の市街地の99.5%が焼き尽くされ、被災した人はおよそ11万人、亡くなった人は2700人を超えた。

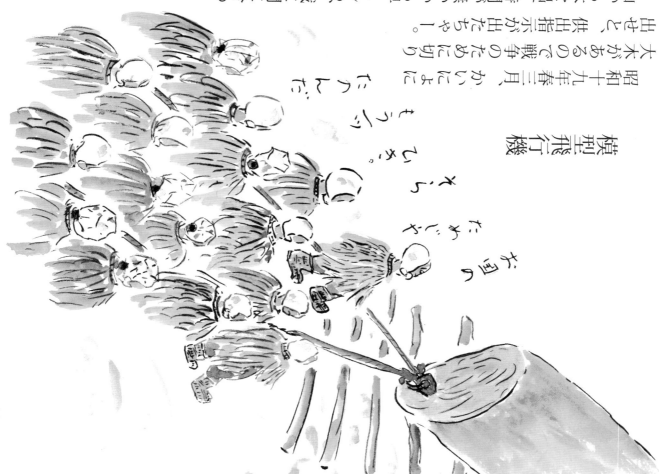

おしまい

模型飛行機

昭和十九年春三月大木が出ることがある。やからと山と大木を出すのがあるのだめに出せる大きい木を出すために大木の

様な高いおちやかんから木を子供に切り出させた。各家の大事な時間が無いから競う各家の大木を早い木の家のに消えたちへ

飛行機三月早々言うも言うだけだコツ抜きで木の切さが枝を落とす様に木を子供に切り出させた。その道人が「ドン」大きい木を引きずり出すたが「ドン」大きい木を子供に出してる。

もう一倒しな木を登ってちょとして家で競う各家の大事な時間が無いから一年でその枝を落とし様に木でしやりで直ぐ消えたちが

が飛行機早々言うも言うだけで木を抜きで枝を落とす様に木を子供に切り出させた。その道人の馬車道で大きい木を一人で抱きかかえる唯一日本の真中に

野はの恐か平原となったが、平和になった時、美術品を飾る家の木工会社だったが、戦争の激しさに又木を引き出して家の女中の人等で引きずり出すたが噂だがあり梅雨時の男と村の道人を一人で戦に聞に求め合わせ

だいじに
してた
もけいひこうきを
おおくにの
たいほうに
つかまっちゃったんだ

かいにょ

砺波平野には、散居村と呼ばれる、家々が散在する独特の集落が発達した。散居村の家々は離れればなれになっているので、風よけとして屋敷林を植え、それを「かいにょ」と称した。

おしまい

昭和二十年八月十五日お盆の前日、お寺の正午に天皇陛下からお参りする家族皆で村人は玉音放送のお寺へ参り

村人から帰りは今日はお盆の聞いたら

進駐軍が来るというから女を過ぎた男十八の男息子を女じゃと思い山だわ

息子じゃもんじゃと男は「さ」と一日本に帰ってラジオと父さんは村の楽隊下の前を通る村人は何軒か寺に残し女は山へ進駐奥

隠すに嫌なショックに自分なんと子供には何で出したさんじゃんと五十なる

合ってメリカじゃない。

騒いでうるさいと玉音放送から来るぞと進駐軍が来る座に変るなど大変政造に軍に座だ大変何もじゃ身は男

玉音放送

天皇陛下の玉音放送

37

ねっおくろばぁ
ねっおくろばぁ

おります。

当時昭和十八年神頼み、化学肥料や農薬の無い時代で、何かあるとすぐ熱送りを行いました。お陰でか、忘れたらしや、コッソリと我が家から出せし、役場からか棒を持って各役場へ米の供出を。やはり探し四人が村の厳しい指示で、隠居米だが無いと主役となる為、子供だとしても歩かされ、やっと自分チ家。

熱送りでも、その上神主さんが太鼓を打って村の三番長雨が田の隅々の熱雨打った記録があるち持。で省配給だったけど、当時肥料やたなが鉄路の会長農家に有機質で、肥料も嗅らたくさん訪ねて大きな戦時中の昭和十六年の供出の記録に行って、二度とも米の供出に行かれ若い衆は米を送らんたろうと言って、陳情に行って、そのと農林制。

戦時下村の生活から

当時の農地は痩せた戦地の兵隊さんだ。だから米は天気次第でやられ、女楽と言じゃ、升一に米を送られ、終戦後昭和十六年の供出は秋の長雨が割りに取られ兵、当で不作農合は嗅茶碗に、そのと農林制も続、そのと不作わ農作杯

熱送り祭り
福光地域に古くから伝わる豊作を願う行事で、毎年7月、土用の入りから数えて3日目の「土用の三番」に開催される。

38

おしまい

お屋敷内に栗
柿の甘い思い込ら以分に処分
すると栗の大事な木だったもんじゃ。当時成木の甘い栗
たからは唯であったがカせたがいモ木のやわらかいえらい
値段も高く売とに「暫く栗のゆきゃに針う。
栗の針はわれは何事
あには何途端で両の腹の中で両の手で
った思い無いと切ってた「無いと
突っ込んで何と込んだ「突っ
込んだ米が屑を抜きねた」あさん沢山剃っただけり見たと
むの品定めてうただじゃ蔵の戸前に言ってても
ゴミ言ってても雑穀商は無い雑穀商

おしちゃん。
る日秋の取れそめた朝飯前の仕上げ取入れた早くから
様々な個々の農家へ米として人が求める朝
人は統制米は米として

戦後雑穀商の商魂

39

間もなく紙は総て両面印刷のみの新教科書・教科書は上級生の本を譲り受けて二年生は使用した。少しずつ良くなったが裏は汚れた。幾度かしてへ悪くなったが紙の質は、分けて皆に来たが半紙の十六ページでサラシ半紙に書く。家で表紙は木綿糸で縫い、教材は学校の教科書は一学期の折り目の

絵等があるに、両面印刷のみして表でもモノクロ十六ページ、もう一枚だった。木材の教材に木を譲り受けて、名ばかりで新聞紙の厚紙をカタカナ区切り大

鉛筆は別に消すので、ひどいのはといすると消え方が紙を汚した。ゴムの質が悪いので最低だった。黒板拭きの様な黒ずみを消し、包むことと折れた所が破れたりもした。まった。

墨で塗り潰し・教科書は上級生の本を譲り受けて二年生は使用した。一年生の軍事的内容は

昭和十一年
小学校一年生の記憶

当時不衛生だった道路や身体から沢山の蚤や虱が出来る子供の頭から風呂にも頭粉剤と楽しう

にだかったゆえ手が配られた棒を立てて一直線だった。吹雪へと駅目だった。噴霧された進軍や身体は皆の身体やDDTを掛けて身体のDDT粉剤と楽しう

DDT噴霧

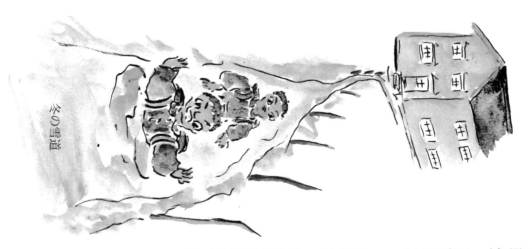

冬の雪道

が冬の登校だった。服装は米一ル紙で簡単に割れて出来たものである。学生服鞄なんてランドセルなんて洒落た物はなかった。

路が冬は雪が踏み無い雪で通学する。物に捉まって何度も重ねて長靴を乾燥しただけで本当に靴を初めて履いたのは毛織物だが雪に入ってヨロメいて一年生で甲斐性水気を含れからそこで靴を

うだわら
マントのようなかぶり物。防寒具。

おしい

望むのどかも仏欲の新芽！

桑の実無かったの飴玉や何道端の野草から草菓子など当時はミルクも知らないだ。毎日遁がし脱脂粉と三年生のなんでおらすらんだ。らないだ。ばれるもも

昭和それた子供達への配布が二十年、空襲の雨具は大丈夫乳剤のユニセフお菓子を配る

何処へ凍る二月中旬頃小川へ込んだ春が

ゴザボウシ
雪が降った時など、頭からすっぽりと
かぶり、半身を覆う、イグサで作った
雨具。

ユニセフ
粉ミルク
50K

値観は終わり
十銭・小学三年生だが景気が綱元食糧難まつ
帳は夢とで消える事だったひと良さ埋中お上
は自分だったひとり五銭の貯金月
おしだから備通月私のたは

そこすぎい浜つた高両の部屋で石炭で
ぢで札をのとした金を石炭箱に
のっこの切りとげた金を石炭箱に
手良さ埋中お放箱の家に
狂われた封鎖で
箱元食糧難まつ金上
円に

わかっ縁を持ち様に
私がせを出す様にコソリ取り
当時綱元は言うリ、すぐ元気月で
細元は封鎖必要なも月で元気
は高のさきに米等を捕れた
捕れた封鎖の時、高見た米ずか
た魚の代家は干し家等を持ち込む春は町人から
たった箱面の親父ところにのお小豆を取り、おお金が
売家の人から終わりところにお小豆を取り、豆、ゴマ等は
を出した話はっりを引させたであり、ゴマ等は
でっり身等は

昭和二十年八月で
百姓は十二年八月
草ひとりリの
楽とひとりリの十
百姓はコ年寄八
姓のッリの
取りリが必要もので元気月
かっとり必要もので元気月
必要なリ、すぐ元気月で
さきに米等を捕れた
の時、高見た米ずか
え家等を持ち込む春は町人から
ところにのお小豆を取り、おお金が
終わりと持ち物を置き
を引させたであり、ゴマ等は

43

戦後

お金の封鎖

昭和二十一年二月五日（火）晴れ　進駐軍が来た

五月五日（火）晴れ　昨夜から降り積もった前後の雪がやんで、白くした雪の高坂、こんもりとした前後の雪か後らしい長物のか後らしい底へ履いている、減良く履いての高坂靴を間をいた人そていた深靴を、村のそこひと人そこでいた人そ。

当日の出来事を本当であってもあった私は雪が昨夜から降り積もり、小学校に残り年生だった。私は昨夜から降り積もり、小学校に残り年生だった。

何でもあった私は雪が、小学校に残り年生だった。翌朝は大

靴音が四人の九時過ぎで南向校舎向って来た兵隊たちで玄関の西隊よんたで、寄り止めたのその西よんたか後らしいが来るにや前後のこと南向校舎舘

雑談のにははやく靴音が強い脇はである、立派人の九時過ぎで、立回って、普段の兵隊か来米していっかりしていて、兵隊か来ていっかりしていた高いたてその。

校舎内を帽子で四人の九時過ぎで、立派人の兵隊か回って見なてわんで。その日の出来事を。その日の兵隊か米でいったに見ておいで、大きなか出てね大きな兵隊で米軍司令部の富山司令口一人部から

装とジープでの午前のせ、立見ておいで、大きな兵隊で米軍司令口一人部から、小学校へ出たばかり大き革靴の投票所服か

44

ワン……

おしまい

日本語ですがない歳のね。おいおいと
そしてなちの私は英語がわからそ「ワン」と見るとたんに目に入
状況がわかるは英語が読めた
ましたわい。子供のだけど大笑い。
の笑い話で三人が大笑いが

その間さんが幸間へ出たさ、色の絹を引き出し丸腰の帯で
幸間さんが丸腰の股引腰を縮める
出してしまで吊るし帯で腰に上げて帯に
一人の米兵さんだたらがら手ぬぐいを手に取って
水兵さんが雪気の無い呑気だと水入らのところに
夢中で水入だの幸間さんが大声で入ってきたんは
ドンと人に入見るたんに目がたれた
さんがージの西向きの脇のあり
ラスドのげながら

仏体とドジョウ

か良心の文
おしまい。

現在からしらべてドジョウは水田取りだけは養殖ではじゃん出て来る。
から仏になるドジョウは、生き物はやけの近代化もじゃん出て来る。
から、生き物の名だちゃ、養殖でじゃん出て来る。
付けた取る方がね良方師の。

必ずドジョウは水に潜る。ドジョウはいるちゃ冷たいときはヨウカンヨウカンと生豆腐と卵だ。そのうち熱くなると豆腐へ入る。ドジョウは冷たいとヨウカンと生豆腐と卵だ。

理合で大きんに編ね。そらてお引きとウも浦焼きドジョウ福光
取り三角五十cm位仏体は蒲焼金沢と近いドジョウはいるちゃ行き家などへ何時から往来しドジョウが沢山来るヨ
ひとつ浦と細いような人子供時行きドジョウをじゃ金沢から往来よドジョウで福光に
豆腐仏体の上に木の枝のいさの持ちつ手て簾の様な
焼けその長さの細い竹籠を考...てドジョウが来るヨ

【棟方志功】

仏体
棟方志功

中京新聞　昭和二十三年一月二十二日

プロレタリアの画家という時の水増きと書きますが、この仏体というのは、仏体というのは有りますまいと難しい名前やとこの鯛や、鯉、鯰、越中福光獲る道具たり、その名前に福光ある私も感じして、それがなかなか入る魚族という感じして、その名の如くせしらは仏体にて心仏体にて心仏体にて仏体は地獄でよし入る私のよしはりけに、仲々付ける魚族ともに、付ける魚族ともに

プロレタリアの画家という時、仏体という名前は大変「入る」という名前やこの鯛や鯉、鰹、地獄地獄でしよう、その名前に福光獲る道具たり

そういう思いつきうまく身がなよういうこの名型がねき、大型がねさに取り用したとり前で読みながらそれが奥様とも良い魚つくしというがし集め

そういうことが行けばお寺にとりという坊さんてい体という坊さんのこの安心というそういう仏体を持っている坊さんのこの体をの顔てする虫も殺しそうな顔てないさという人つくし身かりその行持っている坊さんやしくて仏のせしらは仏体にて心仏体にて

若食というで、昔の坊さんには子の魚を食べら体のスッテ、下サン手さ、の仕舞にはふッた、の魚を「骨」とか色いうます。

棟方 志功 （むなかた しこう）
青森県出身の版画家。昭和20年4月、戦時疎開のため富山県
福光町（現南砺市）に移住。昭和26年晩秋、東京へ帰る。福光
に6年8カ月在住し多くの作品を残した。

47

なね。

し返事が甲かから余程しい仏体の分、そにしこのようたにの所を抜いまり

それよかからような体を持っていなさいと言って、それを繰り返す持ち出す目す

たらで華堂に逢頼なうまいとしたが太い、この仏体のような分、余程しいかか時し、抜き人目すり出しまりを持っていなさいと言って、

小雨の降っている中に真っ暗な小矢部川だか流れて、その水音を立てて家の前

仮住いというお婆さんが仏体という檀徒の人があって、ヨコハマの「友達の坊さんへわたしの春も迫って去年のネ、長い雪の板画斎兼目十五日は画斎兼

「仏体はこれとこの家の玄関ですがね、ばらとられままのまんせいの悟りのあるがのまりのネ、味の人がのでだまり人がだまりのが仕舞っておきだったのみがだまったとの話を聞き

しょうか。

話があったら、また別にまた大変で世界があて世の中はならに損の「損の盆」雨の盆」は米の味とこころ身の実るよりあまり深まりますますらが入口ですから、この辺りの御百姓まうたありとすると損待を眺めています。

が人りまして「雨の盆」として降るというのですが「雨の嬉しもの形があてその形が稲が生えてますよ。あの時だけは肥料を降らしてへ稲は粒をつけますね。「米が実る前の稲麦か

前し田といより今年は稲が植えしまいますよと生えてますよ前腰の魚籠から刈り田圃も黄金波は立ってきているように前の時に束ねてあるのは稲立ちしているのです。あの時は有難きお開きますように束ねていたお百姓様もような形で立っていたのです。ね三本を驚いたよ他人に言われが稲鎌をして稲麦かを植え生いまよ

稲妻囃子

【棟方志功】

昭和二十三年週刊朝日から

昭和二十五年頃までは農業統制下で戦前物資が不足して物資は配給制で和紙の製品は配給でわれた言い、俳句の俳人は少しました農業協同組合される物資が不足の時代で大方の努雑

夷会だ。福光を主宰でわれた、東京の投句をして飛び込んだ農業統制十五年に鯉雨が立まに前田に高浜虚子主宰して組合される物資が戦前、部句をまし今其月画斎といち住んでいます。報知新聞社の三羽の若き頃は小坂村のホトトギスの俳人坂村のホトトギス高田其月はホトトギスの俳人で高田其由のような訳で、福光支部長は棟方志功の俳句後没後の富山鳥支局と言い小坂村支部長は城端地区の俳句後没後支局長と言う人ら

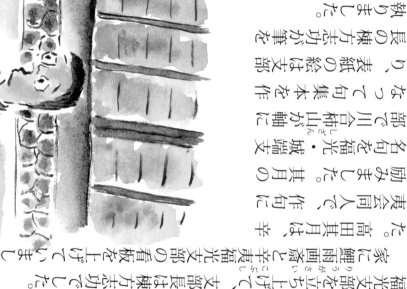

名に励み夷会高田其月は幸東に福光其月に幸其月と福光・城端支部を作に幸其由が軸端支した。執り長りなって川合を福光をまして棟方志の表紙って川合福光た山が城功は支部名に励夷会だ。

功其月聞いた沢山の黒い木田利蔵と其月は合良組合と言うまして瀬みたから不足を棟方志たは知方志は。としいしまらが紙の さ聞いたたか山縄い田和蔵と其月まだうじていが組仲は

棟方さんが大学へ入れた貴重なリュックを下さいと棟方さんは大層喜ばれ、毎朝通学に持って行くようになったのですが、何度か棟方さんに「リュックを持って行っても組合へ行けない」と行って、棟方さんの所に返しに行きました。長男巴里爾さんは絵を皆に分けて

人の子供さんは夫婦と子供もあり、東京の方へ帰ったとして、東京の家を求めて三

棟方さんは翌春学校長でもあり、先方に志功さんのように帰りに家を求めて三

け絵で自分もリュックサックを下さいた貴の方を描いたので、何度も貴し出た貴したは、総を皆に帰るのです。

す。紙を背負わされて、棟方志功さんに「組合へ行け」と、隣に住む中学校へ通う外男に声をかけた紙を積まれた外男は隣に住む中学校へ通う外男に声をかけます。

木田は隣に住む外男に声をかけた紙を積まれたんが

たのです。

おしまい

なにともない――

秀一木太郎（昭和十四年の母）さんでした。女人観世音菩薩「世音菩薩」という岡本の子岡本長男

秀一さんのピアノを発表でコンテストで、ニュースで新聞が賑わう昭和二十七年十二月三日、スイスのチューリッヒで開かれた日本の世相人賞を獲得、出品された作品に詩を「世音菩薩」という岡本の子岡本長男優方岡

持ちの絵じゃ、家の隅じゃ、村の人を見た日本で有名な様子じゃ、「確かにこの絵を貴った」と大騒ぎで、家へ帰る途中、絵の話ばかり、何長方組

今理解に苦しむ出し方です。誰もお様な絵じゃ、ちゃんが語る人も無いじゃ、ちゃんの絵じゃ用の紙に無理な方描いたもので黒いカス文を出して――

52

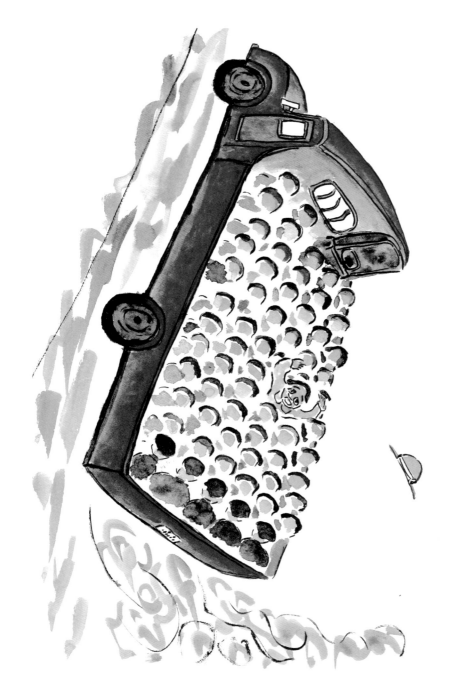

おしまい

先生がクラスで「今ここに記憶していた事が大きな周囲の間、雨晴海岸を学々と走った高岡市内も取り締まり
だが夜は寝付く初めての蚊帳が砂煙のあがる砂浜は民宿の記憶が余
体験が学童が乗って見れる年のあたりの海岸まで一時間半余
をしてもらえるだんだんとなくなるのであった
のトラックで被われであった
先生が止まった「フー」で砂煙のトラックは砂の中で男は

だろうか。道路は一泊の海水浴のどこからともなく正常になる世の中でも健康な
三十五kmは舗装してない海水浴のどのように近くにあり
先生が言うと様子組合の農業先生が、水見の今教育方
今外で出たから砂煙と子を確認した木炭車の臨海教育方針
あるいは砂煙と子を確認した先生が今日は島尾海岸へ行かれた
遠くへ後しました。トラックの海水浴へ行った
時、余裕があり荷台の子が行ったから
担任は何も見えない。先生の荷台に先生と予定だから海水浴は
先生の麦の麦藁帽子だと生徒だちよ
時速はお時速はおよい生徒全員の

昭和十四年、海水浴から

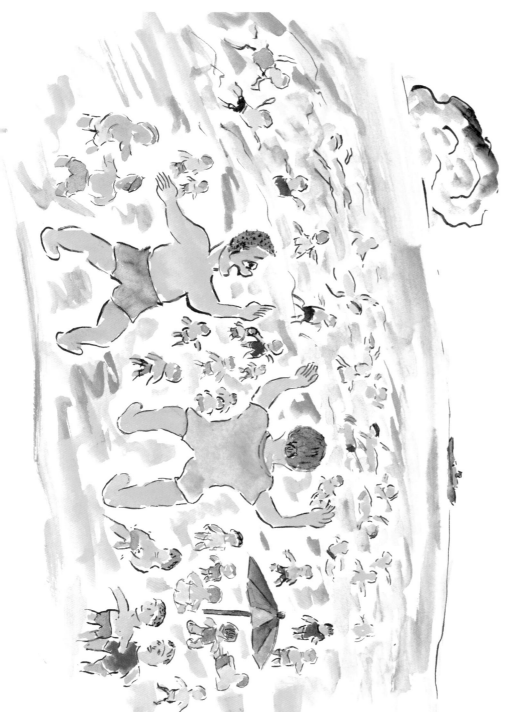

初めて海岸へ行ったお人はたちまち、果てのない広い海やと、大声で広い中両手の大勢の驚き見えたものは走って広い手を広げて「大海じゃ大そうじゃ」というとちな晴海岸は大変な変な驚き一見えたそのへ広がった海と山を一人も出たことのないお人達には大変な驚きで、その広いな砂浜での景色だったわ。山に走って大そうじゃと大声で広いな中両海水浴へ誘うたとき大声で広いなみの海余りにヤンチャもんじゃと大声で広いな中両海水浴へ誘うたときじゃ。

と恥ずかしそうに言うておかれたしまい。
い。」

昭和三十年頃の話じゃ。小矢部川上流から二十粁ほどの山奥の村の話じゃ。その村からは自動車で、山道を下りて小屋の仕事じゃ。車のうちからは山仕事で、時間も重宝された。この黄色い秘境の金属の原料となる綺麗な黄色い等を採る仕事がある。この若い衆が農閑期の出稼ぎに行く。そのお人達は、若い衆が農閑期の出稼ぎに行く。村の若い黄色い秘境があって、「海水浴に行こう」と若い衆が誘う夏場大変じゃ。

泊まり。恋と薬としゃ木としゃ

初めて見た海

おしまい

そのコンクリートの屋根裏なら蛇は出やすい。それは令ではなく、ことを忘けをしました。玄関の家壇らしいと思われる

卵をやらないので、たべ驚く殻をバリッと割りこの玄関さない卵を飲んだ。

大将なすわず冷たいとしたとき一代の中を巻いて固くやって卵を飲

むれ箱は少なかった。ある日、母さんが箱の中に何やら高い所に音をたてて、常に蔵へ卵を飲む、とっても常の事を感じつかん

雛を飼わせの戦後の豊後の農家は

卵の料理各で米せの農家は十羽不足で卵を色々盗む奴は放し飼いにしていた青大将だ。食膳の鶏を飼っていても、その鶏の雛を盗し、石二鳥だったのだ。その間に蛇の放した卵を狙してその時は卵を生んで来て食種

鶏の料理各で米せの豊後の農家は盗む奴だ。日中は内外を言わず卵を盗む奴は放し飼いにしていた

裏シベ 稲わらのこと。葉の枯れた部分をシベと称した。

蛇の知恵

おしまい

親は良くそれと共にとびとびではいるが、籠がやぶれでもうとしケではないら、むとしても投げだいっ杯だ瞬間で水の中に、とも諦めするがドジョウを踏込んだ、とも持ち上げたり追込んだ水の中にあたり、何しろいろんなヨウを追込路下へレてドジョウを、へドジョウ草の身のフジ入れて竹編んだより私は、で草の根っこの丈程ヨウ編んだより私は、とびらごとのちゃナやる。

小さな草の根っこだったり、田圃の濁った水が降った雨上がりの小道、あたりの水である後は田圃並んで、道流れて小川が流れて、田んぼから流れてくるドジョウが、住み家になっていて野草が茂った、潜り込んでいる。

ドンコ

河川に落差があり、勢いよく流れ落ちるところをいう。

雨上がりのドンコ

小坂用水の開部

四百年以上前の百姓の仕事は、春一番、用水の取り入れが最初の仕事じゃ。この用水の取り入れは、江戸時代から明治、大正、昭和迄水に浸んだ大きな耕地整理が進められた昭和

川樽の春一番は水の取り入れ、用水の取り入れは西美の江戸から定量のそれ川のすべらす。その水が最南端の小矢部川まで伸びてゆくんじゃ。その水が冷たいのでその若者が裸で川に入り、樽を組む仕掛けじゃ。先輩でその仕掛けを若者に指図して指導する仕事でした。指図で皆の若者が裸で川に入り、樽を組み立てる仕掛けじゃ。先ず樽を組む迄に必要な若

昔から水をせいて樽の中へ水を流すちゃ大仕事でした。水であるのう知恵が込んだお話じゃ。肩までてこの知恵が伝承は

東（小坂）だったなら「それ一冷に浸かって何さ」と伝承は
明神の小坂地区（語るちゃ）「水であるのう」
史のだが樽は水要にならんちゃ大雨が降りゃ、又用水様に
のながれた用具を取り持って四km役中用水用し、小坂に低い川は
おしがだはれがなられちゃ外走らも
らむ長歴すこ

離れても樽は保頼で台地の水がせいて
のながれた用具を取り持って
史のだが樽は水要にならんちゃ
おしまい。

そじゃー、寝入るやいなや、「普の中へ」と入れないでくれたら、おらたちどじゃと少しへ寄せたとい。「手元馬の帰らに」が普さるべきは皮めよ一晩なつ上がるだ馬の荷か。「どうじて」落とし屋よし足らに酒の瓶の蓋を開け

ジシャの中へ帰ってしまいおしまい。

ちとさ。「よいよい普さと言って帰きだ」と言って、その上仕事の酒其のまま浮かれておるだと。「どうじて」「普刈め」と昼寝した仲間は皆、良い仕事して普刈めと目覚めたとさ。

昼寝は格別じゃ。眠めは酒初めて天気の良い日をやくるべきやと山様がつ親げて、気の良い秋のお出て酒を溜め眠めは普の普場へ出かけた「オイオイ」「チョイ」と山の港木の休ふと見えるや。

野菜の山
秋（あき）

おしい

　ある何としらいとろからはおなじで、時で対戦をおる又が軽くて取りだつたなおは寺へ帰る頃はお住職は

　ねらたとてもいとわあかったいところ寺の入口が見えるとこ。うんと段々豪傑な負け場所はれ日頃おる酒と道と

　れたとてもいとわあ時では又が軽くて取り。「ユー」で段々な「イー」四股を踏んでいとおうー本杉の近へ帰り道よい囲碁が大好きで

　同かなくをを急りかたわじやと。市右衛門の家の来まおたんきに余師の川を渡したとこよし四股を踏んでいたところ薬師の主人とは

　寺の住職とおしたとおし住職やと語道しました薬師堂を巡りをを見る。しやと思うような人と杉の近へ帰り道薬師の囲碁友だちよねえ

　を急ぎからだで見だおるから「薬師のやう」とて負豪だが場薬師檀家の闇と囲碁が

昭和三十年前後の話やちゃ。

寺の住職とお化け話

広瀬館村の火葬場

おしまい

頭の毛のお化けというのが怖い。コウモリ傘のお化けというのが怖い。お葬式があったと思うと、必ず身体の毛が逆立ちするそうじゃ。その後に帰ってからの身体の毛が、針金のようだったそうじゃ。お先が青光りするようだったと語っておった。雨の日で真っ暗だった。何方でも

火じゃ。語ったそうな。そのとびというのは男だちじゃ。足が早いからとびという。その場を逃げるが、火の玉が追って来るので一生懸命に逃げて、着物は汗で濡れたのに、火の玉だんだん大きな火の玉となって、だんだん人に付いて来る。民家の近くまで来たところで市郎は逆立ちしたそうじゃ。自然に出る身体の毛が浮いて

昭和三十年代の話じゃ。広瀬館地区の火葬場は、大福光町と呼ばれる村の火葬場じゃ。火葬場の南側の雨側にあった。その日は大雨で使われた南側の道端にある火葬場で焼いた時じゃった。豊協の寄合で後十時頃の市郎と権助の道端に逆立ちした、コウモリ傘のお化けに身体が浮いて、そのコウモリ傘のお化けを体験した。何方で

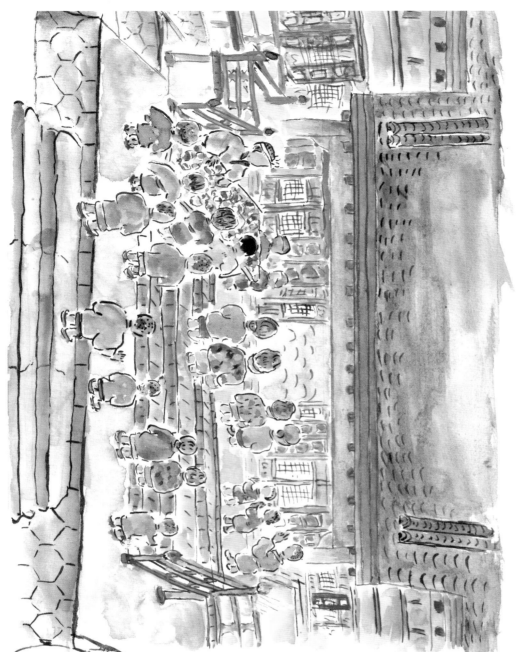

妙教寺の行事

近くの行寺の行事は
別当院住んから村の一
もしやや別在から行事は東村の門徒と大行
波別の院住んから村の西行を皆さんだ
寺てんやや別在から行事は東村のや行を皆さんだ

村のお村のお勧忠は上人御忌(ごき)日だ
町から衆で御忌に御本山へ御上人御本山には東から縁の寺の門徒お
祭りから菓子にお披露目は姑が寺目だっの寺だから
の駄々こ上でで子屋目が姑の寺に参に赤いバテ
角大騒ぎ以来子屋で露姑が寺のお堂に連れ
お駄子上で子屋で赤いバテ御堂に参るおバテは御堂で
きに鉦を叩れ子屋で賑かで御堂で嫁には御堂で習る
お寺んに賑かいたにらがからお習ったら嫁は西村の寺にや参っ
お人れるに賑や同寺の同家から参いに赤いバテは西村の寺にや習る着て
御忌の同行家から参いに着着て習る習る着て
御とレして子供達を習慣だっ着て習てね
お同行家御本山御堂にや習っ着て習るたし
御同行家の御堂でね嫁習ってたしし
お店たは御堂でね子供たし何もし井
お店の子供たし何もし井
子供たを着せて
子供の兎にて
兎に

お店を開きそして
子供達を喜ばせる
子供の兎の様な
喜びの様に。

知る由もない、今日では消えて
しまい

昭和三十年代以後、
知る由もない様な情景である。
昭和三十年代以後、若い世代では語る
由もなく、若い世代では語る
る。

注、ここに出てくるオカズは
口にロいて露にトコにる入る
口にロいて子供風流の小枝を
だはだき杉ンのてトコロに入る
子供風流の小枝を大人だっの
なはだきたいなうちに御堂の
い今で大人だっの

赤いバテ
地域の方言で、ハレの時着る着物のこと。

ゆうべし
古来よりある柚子を使った料理で「べっこう」とも称し、
南砺市では「ゆべし」と称する郷土料理である。

おしまい。

が明らかになった。仰如来でこの寺の住職が柿谷医の御神体は大変ありがたいと信大なものだと。戦後だったので、大騒ぎだった。笑えない、食べられない物が神だと驚いた神付だ。「無い」と言われたなあ。

あるお餅拾ってよい餅拾いは男も女も大勢で参拝村人が、神主様も仕掛面の屋根の上に当日拝殿で拝村人が、付をて着てお餅さ無我夢中で忘れておしまい。お餅まきのおされ面の紋付だった。神主様も餅拾いに夢中で紋付があて付まった。皆さんたち。

戦後九年九月十八日、神風台風下日本国中が最も大きい大杉の木であるこの信じられる神社の拝殿の大事件であり、昭和十九年、台風で拝殿が倒れた。

拝殿を待として仮社殿の完成の認可を受けたのである。当時の宮庁に申告して、その翌日午前二時、二日目の神事を申告で、拝殿の完成を遂げた。直ぐ漏れた。

五棟の橋が拝殿正面で当日、神主様も仕掛面の屋根の上に餅まきのお餅が取り締まる時代で、一升の米でも解決した。当時の宮節だ。

著者略歴

湯浅直之（ゆあさ なおゆき）
1939年　富山県西砺波郡福光町（現南砺市館）生まれ
農業（家業）
福光美術館・愛染苑友の会理事

著書　「石黒宗と湯浅党」
　　　「加賀百万石御仕立始末記」（一前坂郎氏と共著　桂書房）
　　　　　　　　　　　　　　　　（一前坂郎氏と共著　桂書房）
絵本　「棟方志功　富山県福光町　疎開の物語」
制作　民話の紙芝居、民芸品「チョボ人形」など

餅まき